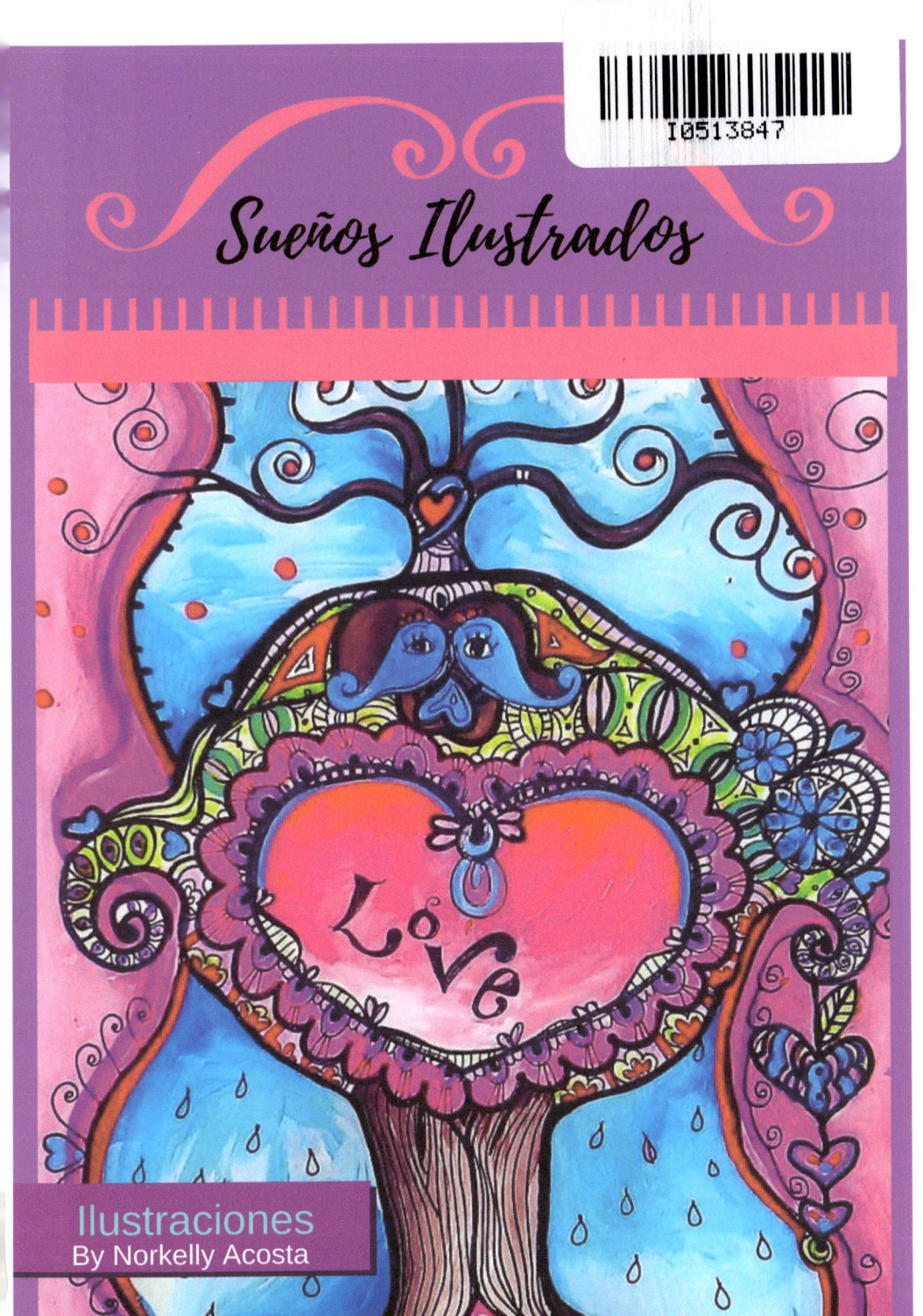

Sueños Ilustrados
Es una compilación de Algunas
de las obras e ilustraciones
de la Artista

El Arte es un Lenguaje atreves del cual, Los Artistas siempre hablaremos
Norkelly Acosta

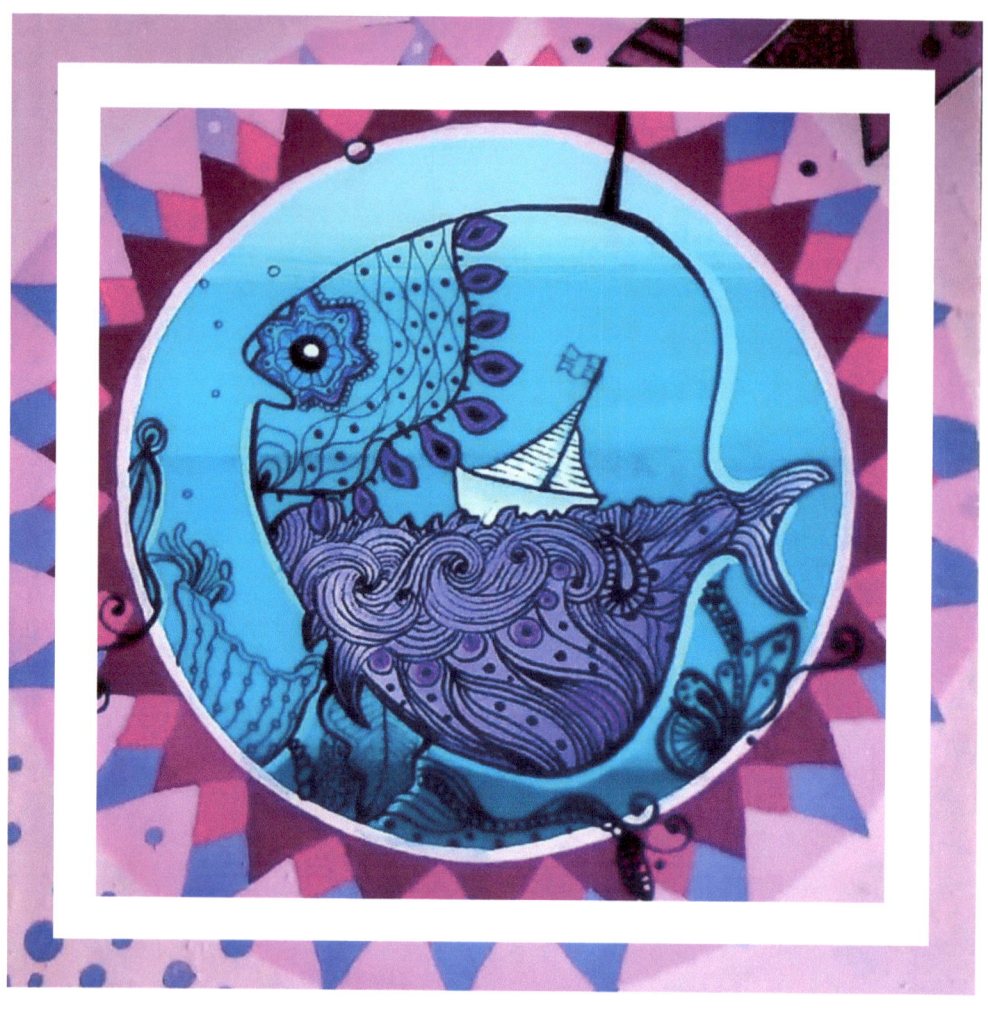

Dentro

Norkelly Acosta

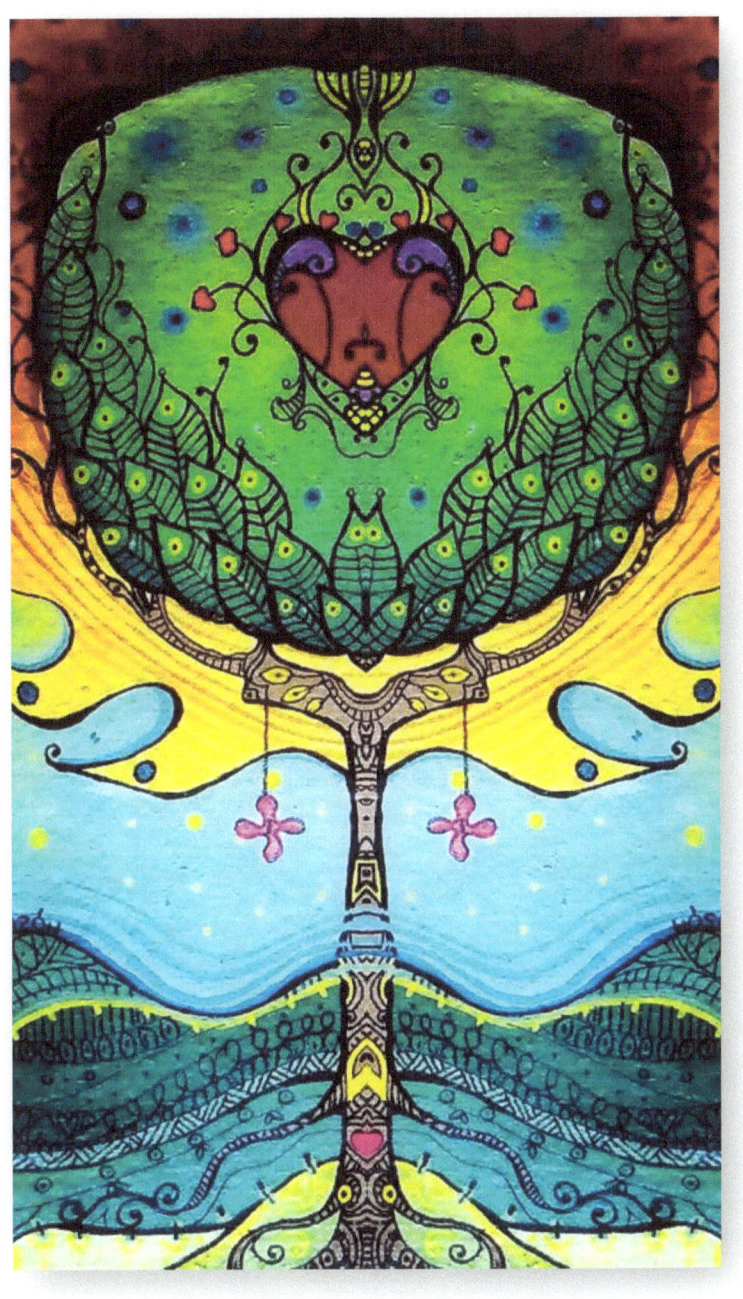

Junto a corrientes de Aguas

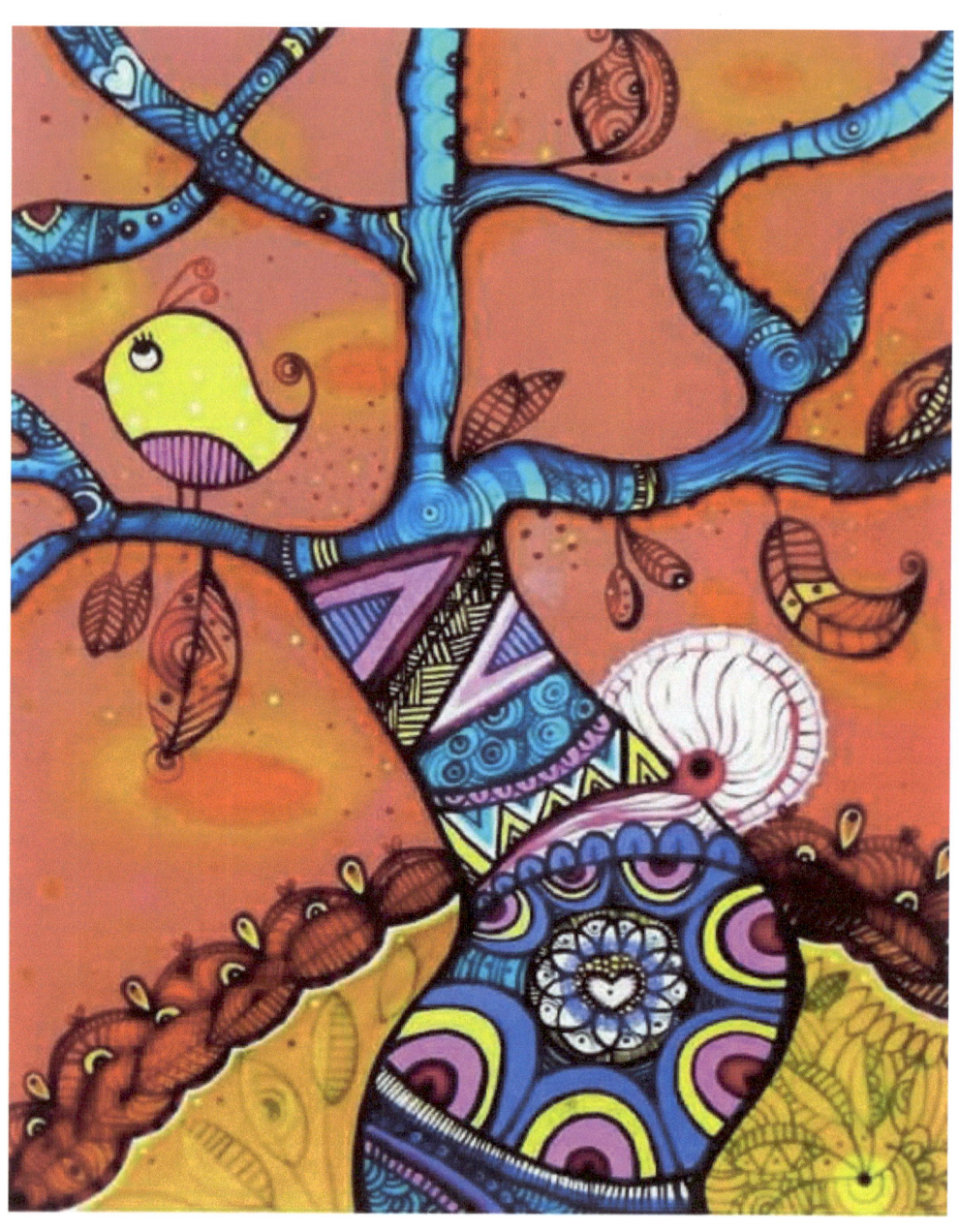

Mi Árbol y yo

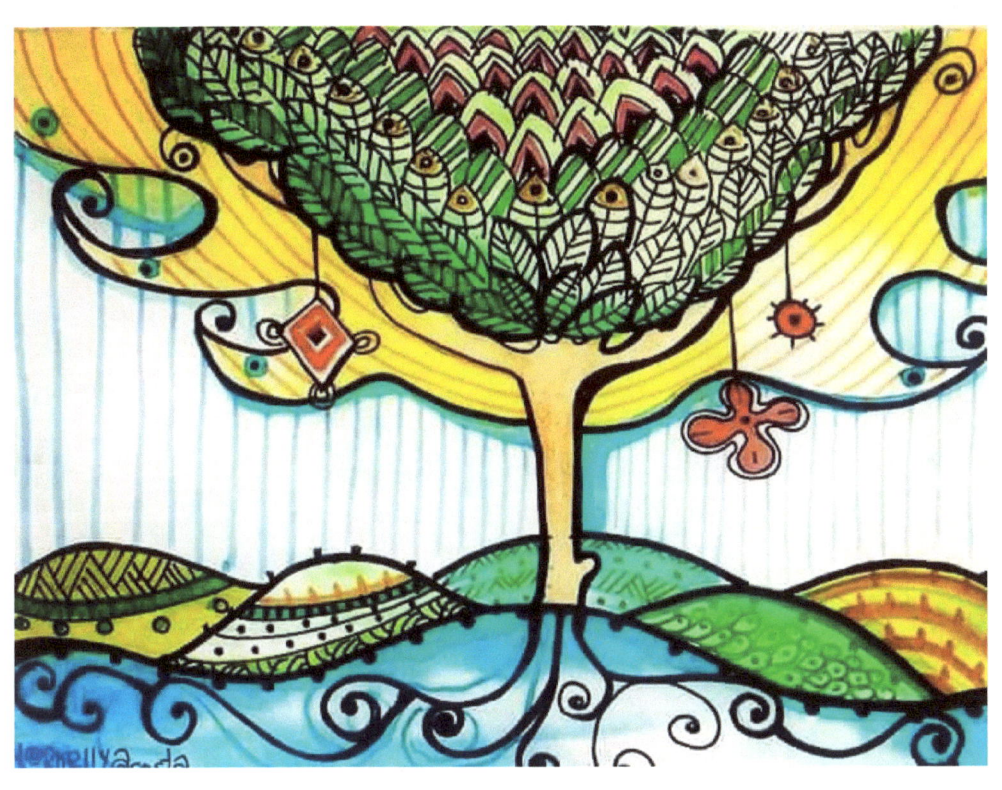

Junto a Aguas de reposo

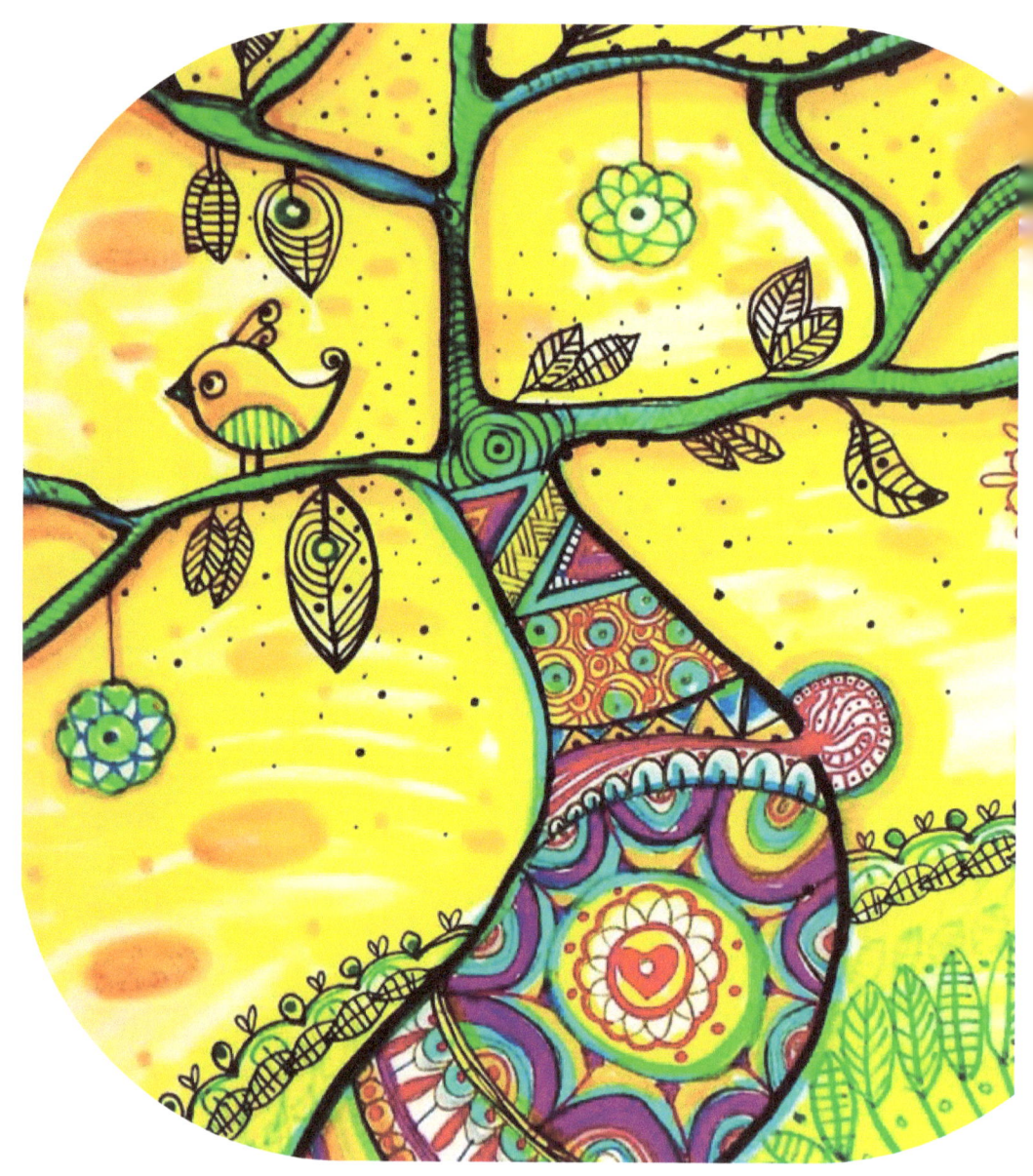

Mi Árbol y yo 2

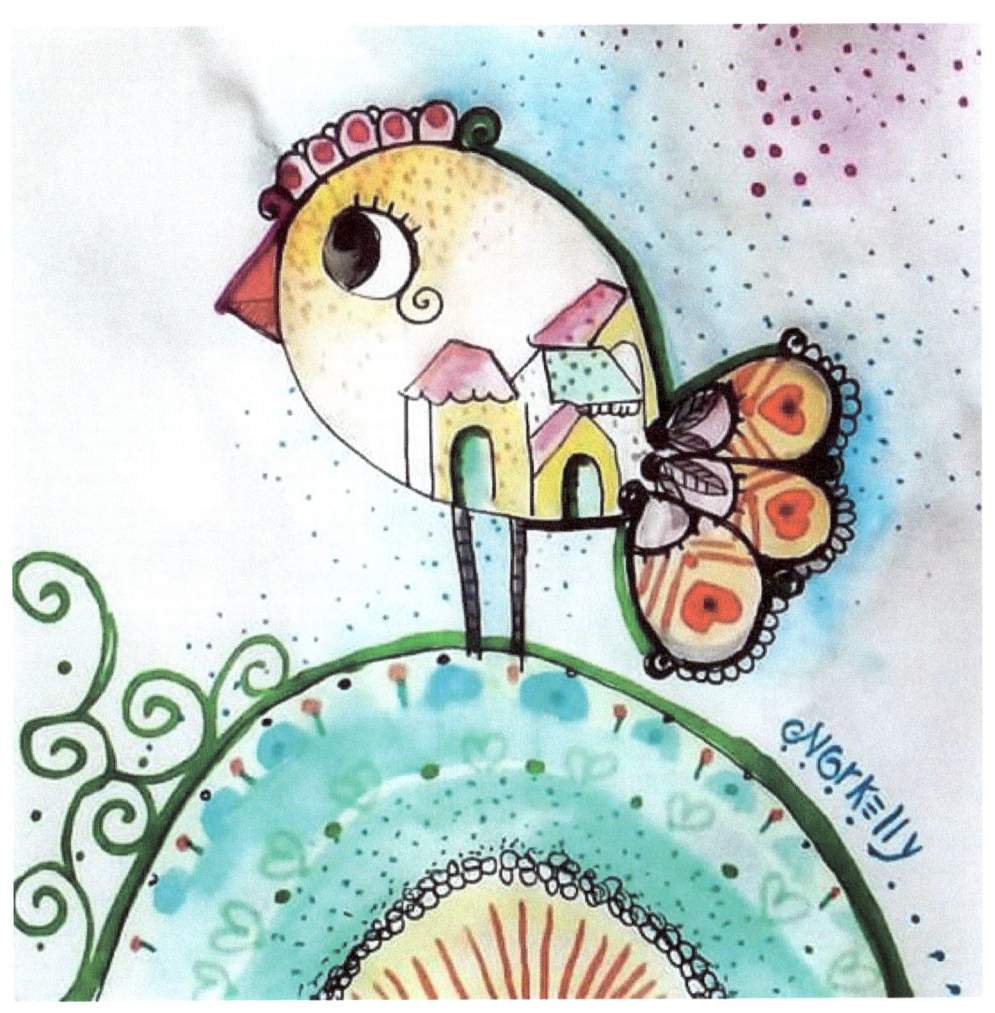

Lejania

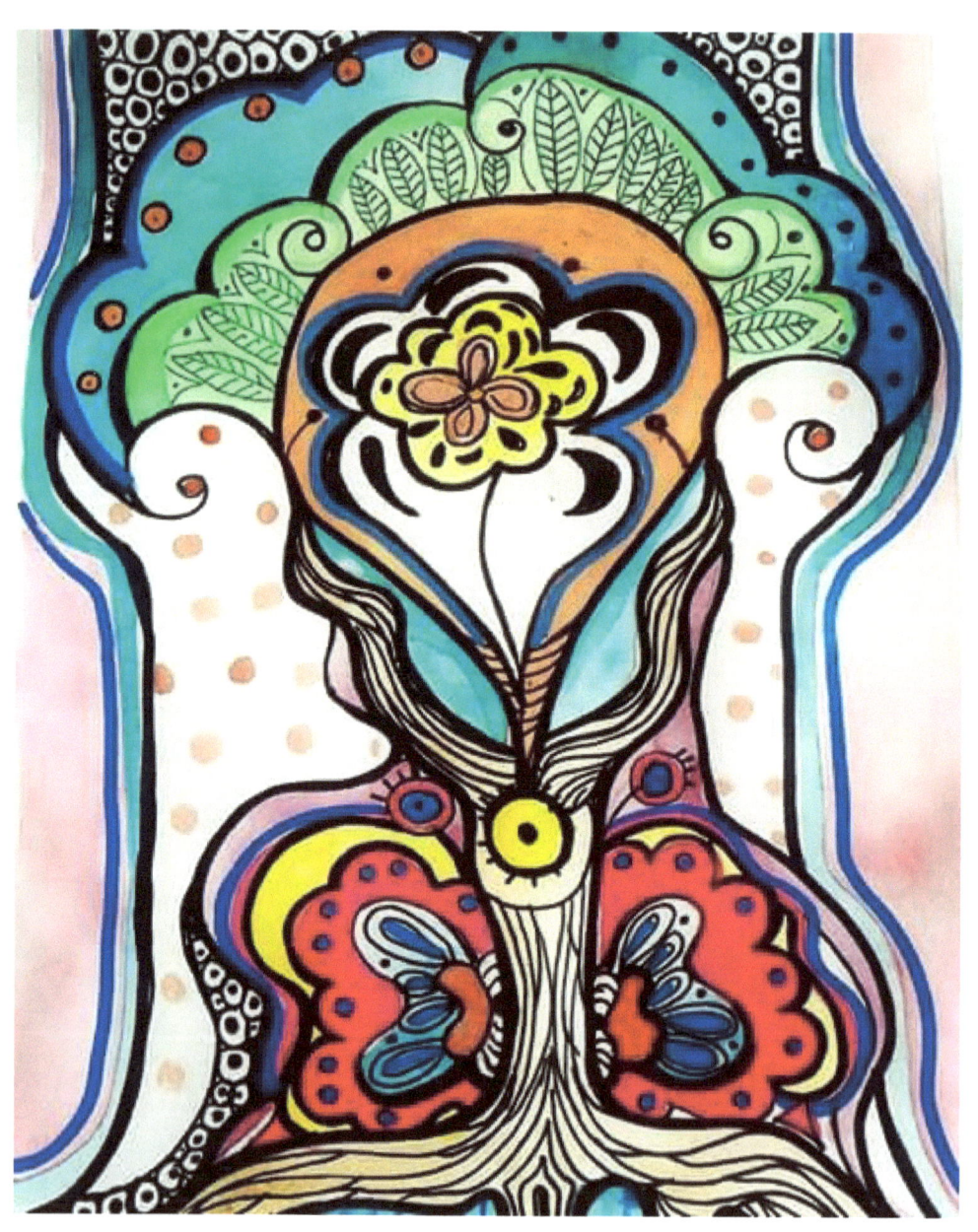

Árbol de la Sabiduría

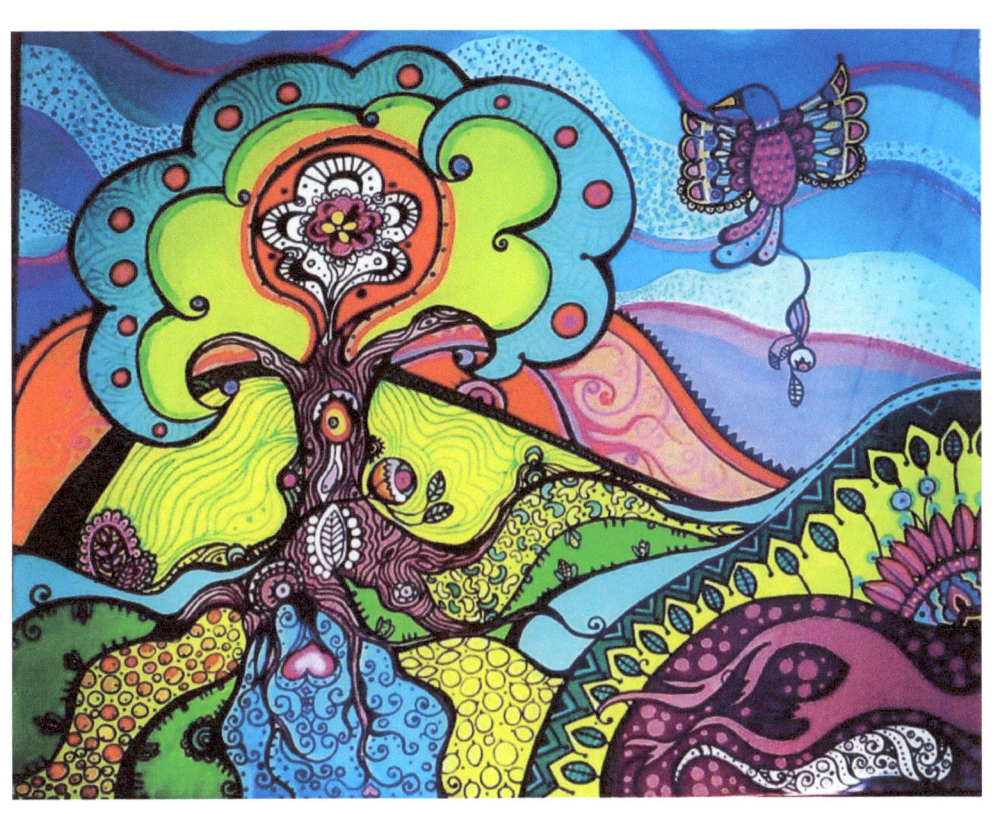

Paisaje Edenico

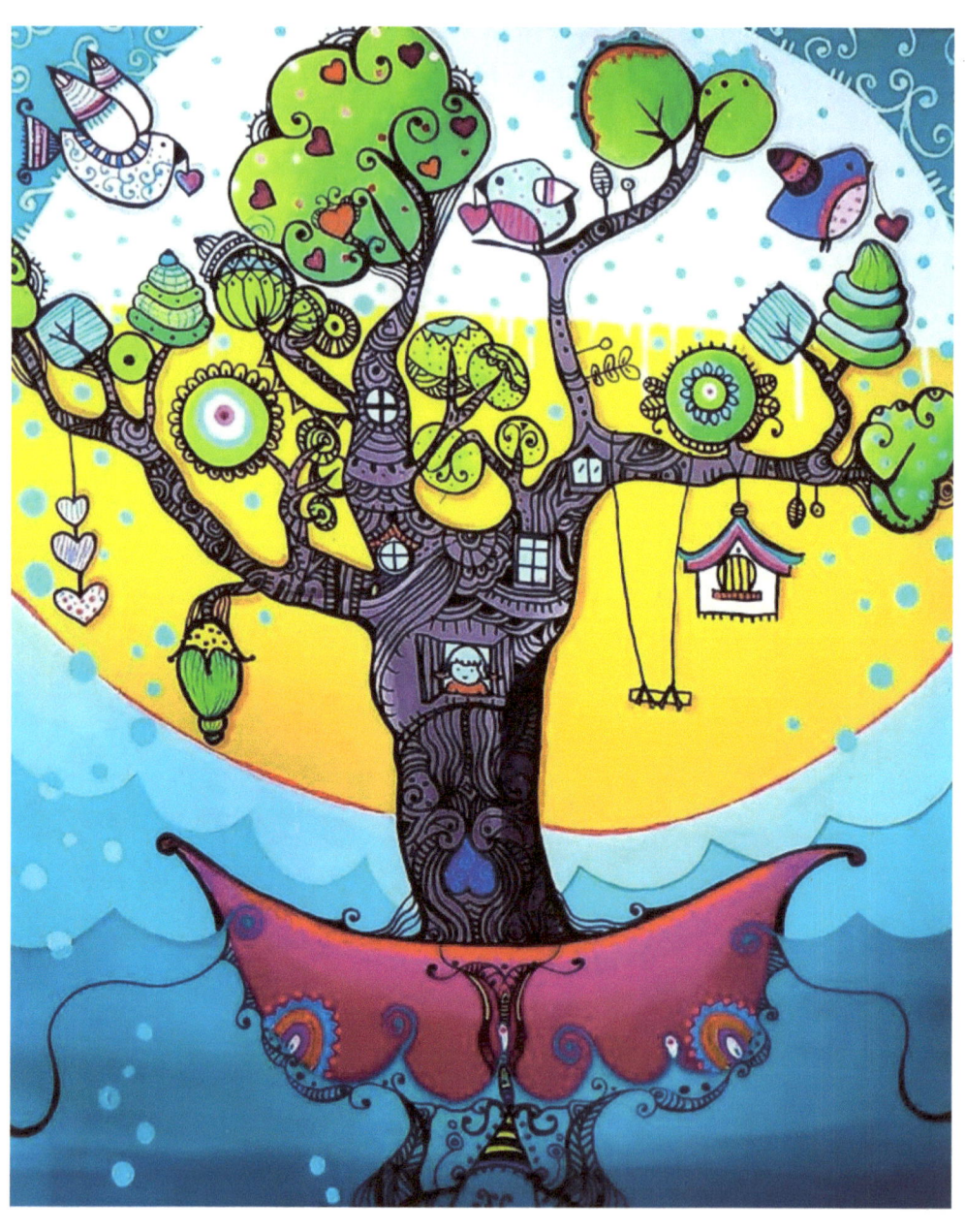

Como Ríos de Agua Viva

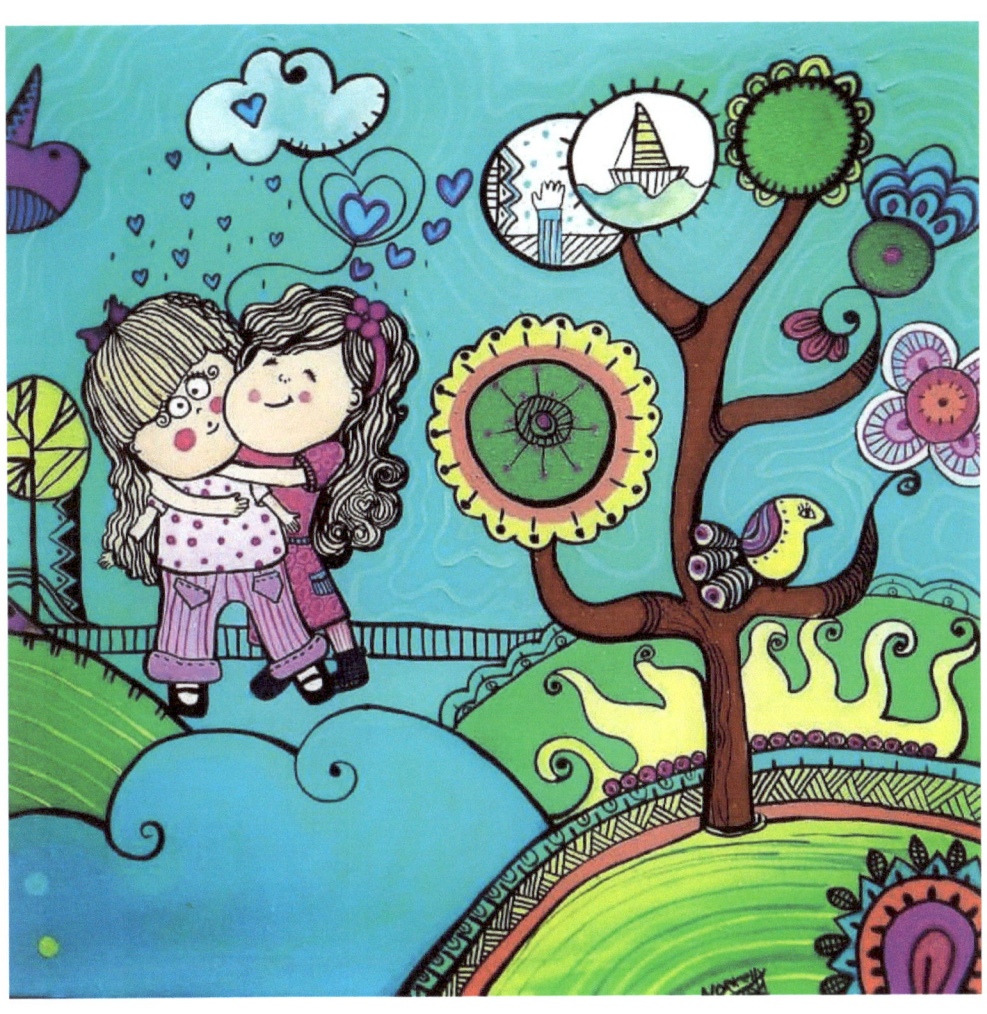

Felicidad

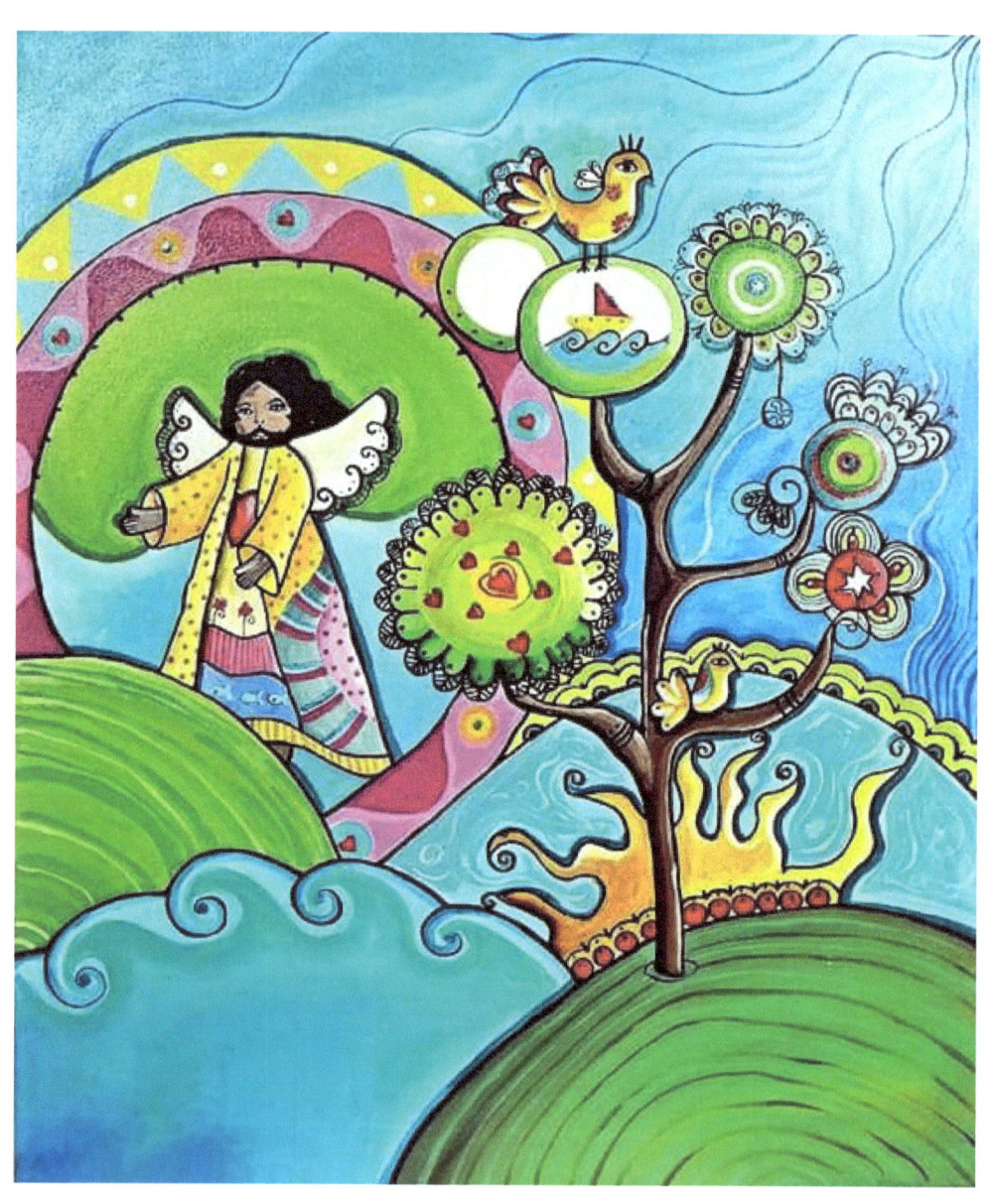

El Ángel de Jawa

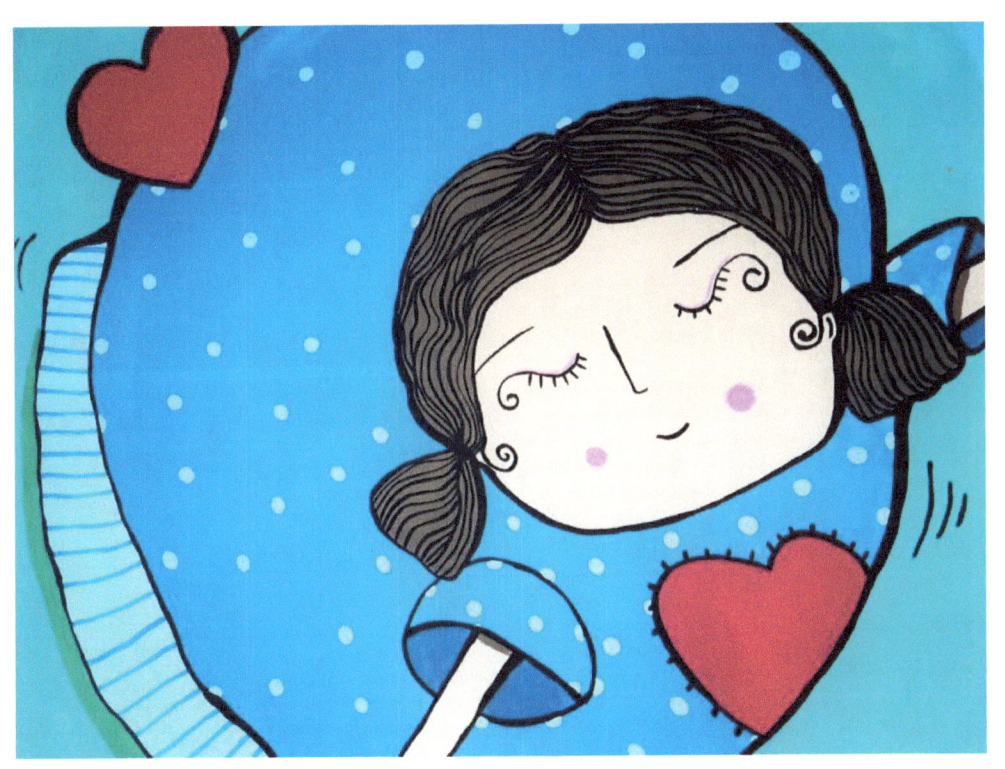

Corazon

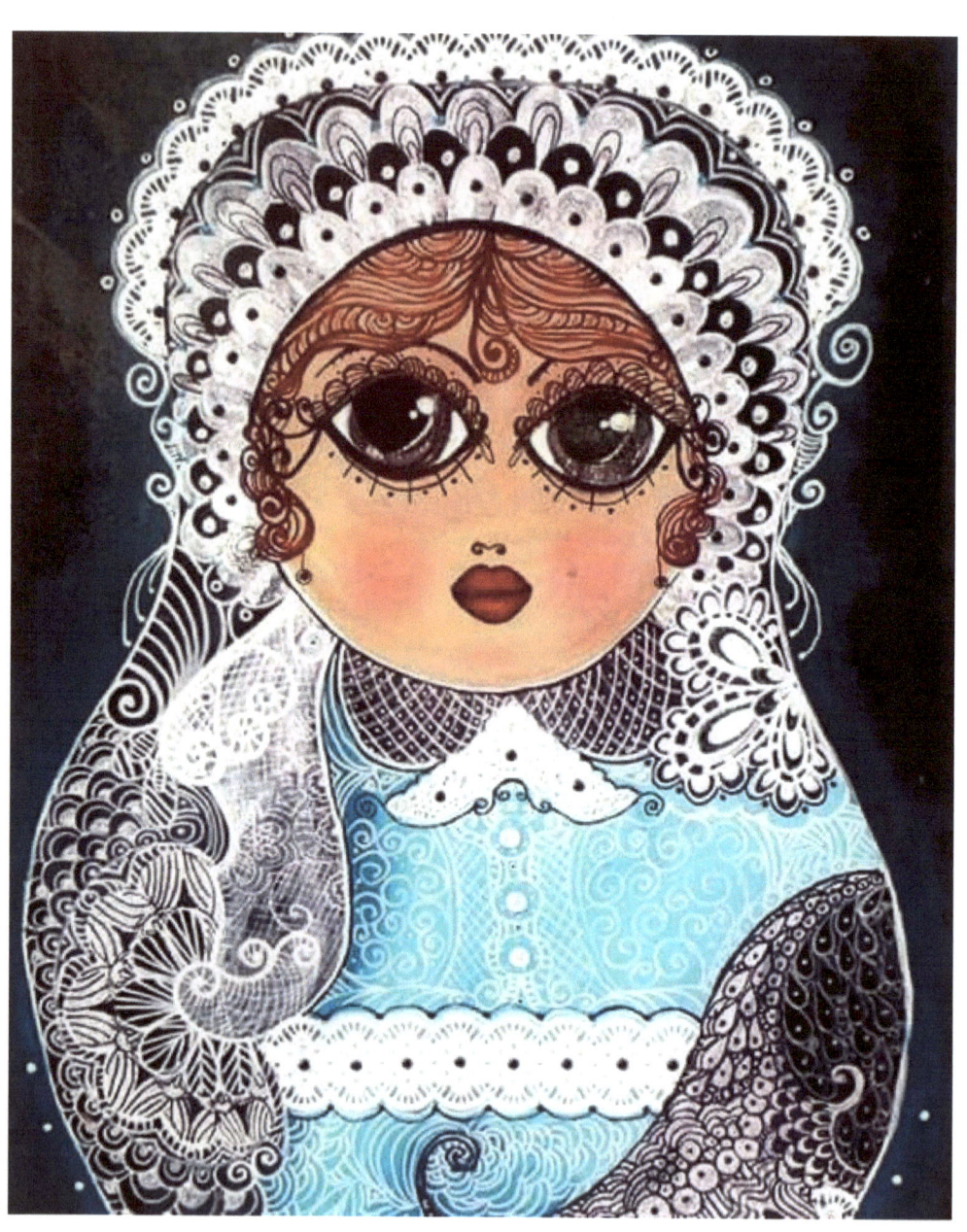

Matrioska

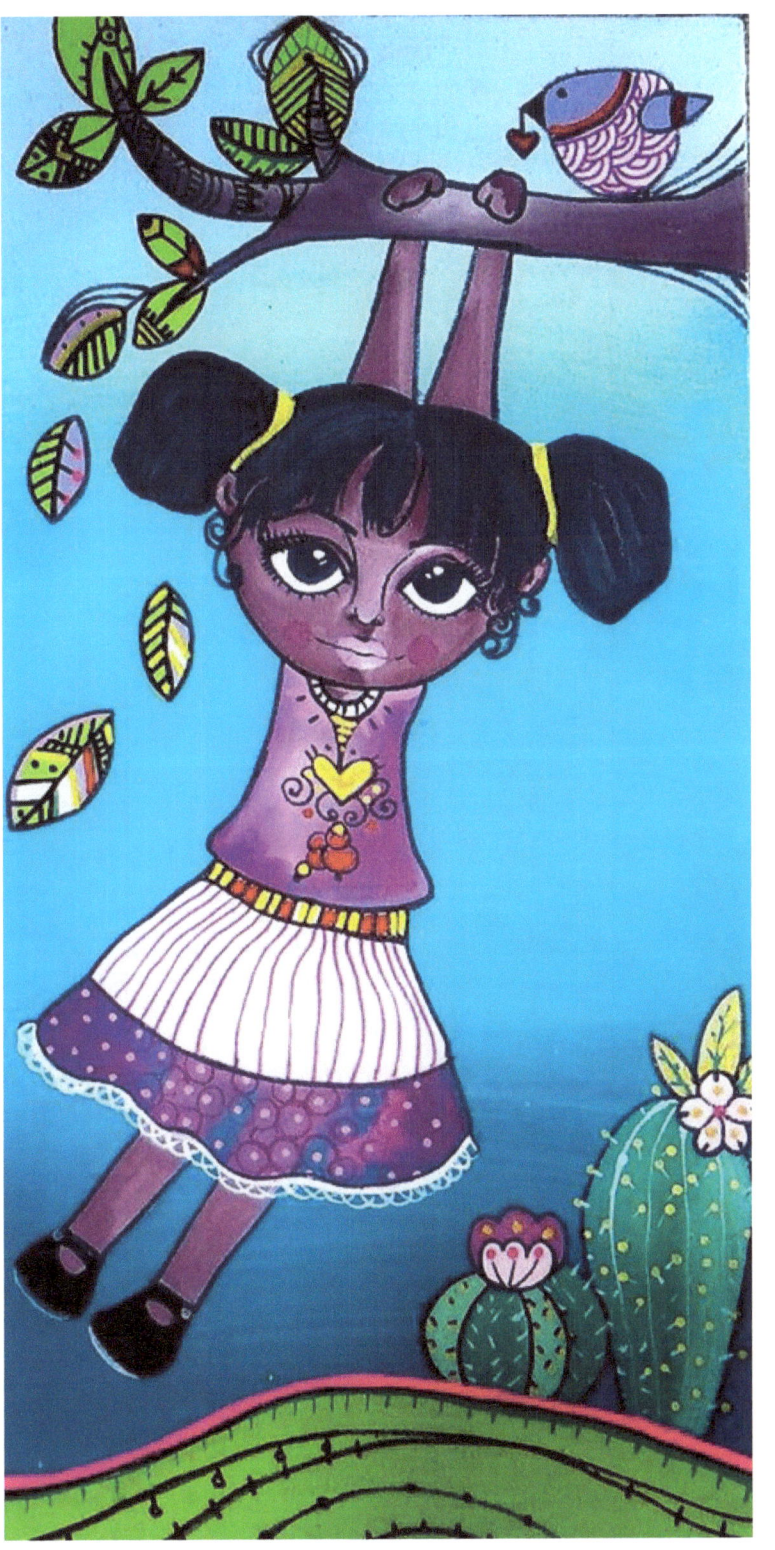

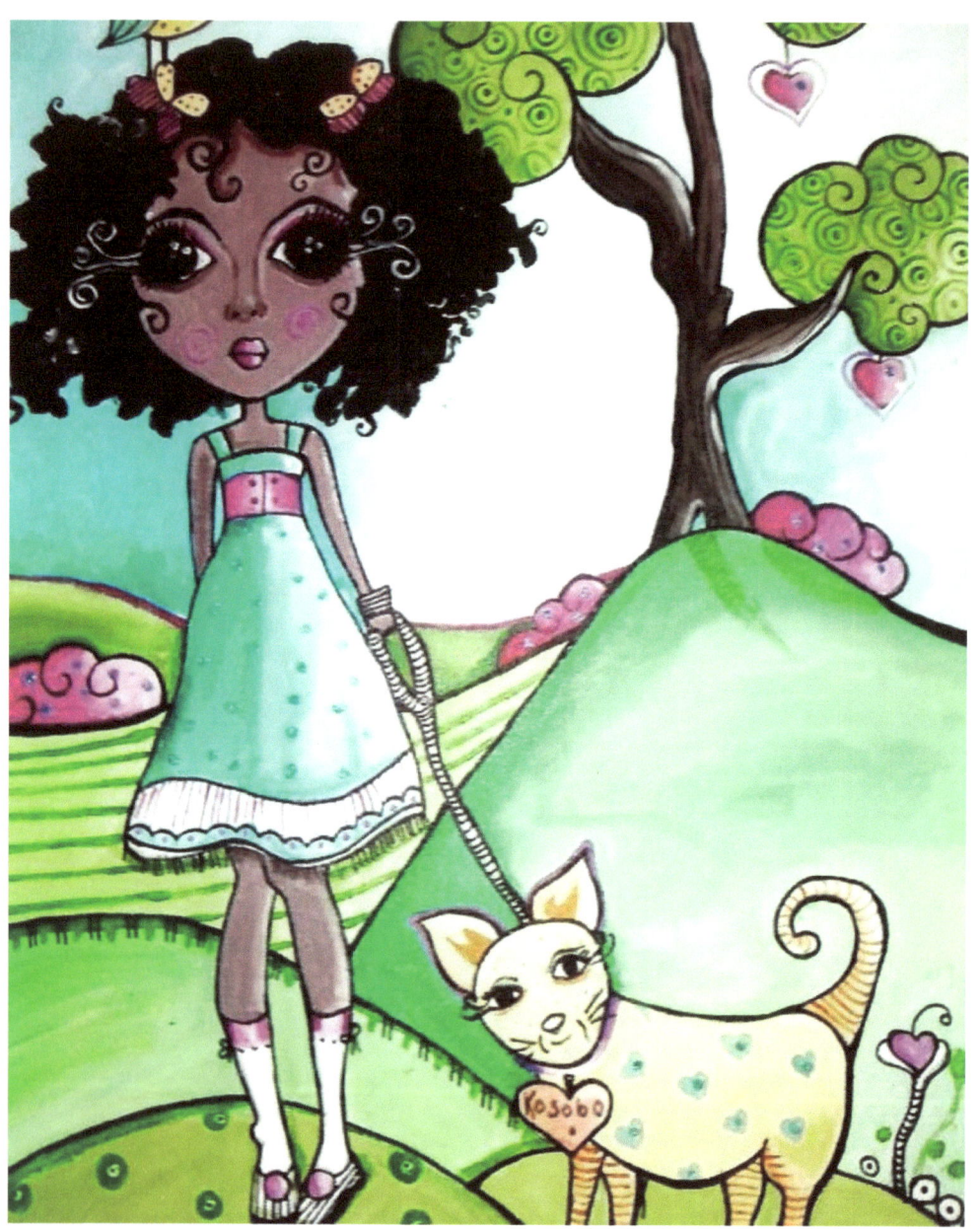

Pamela 1

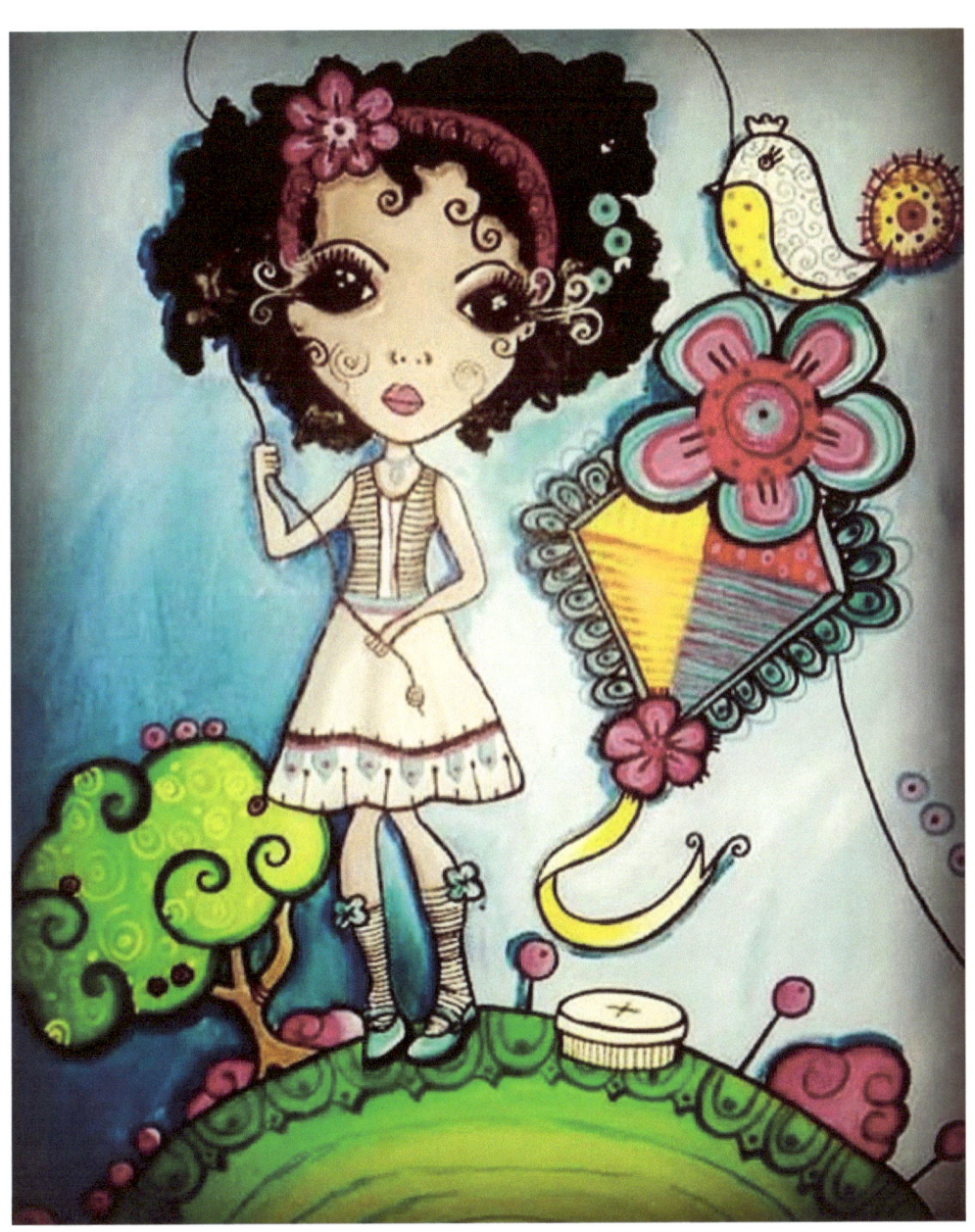

Pamela 2

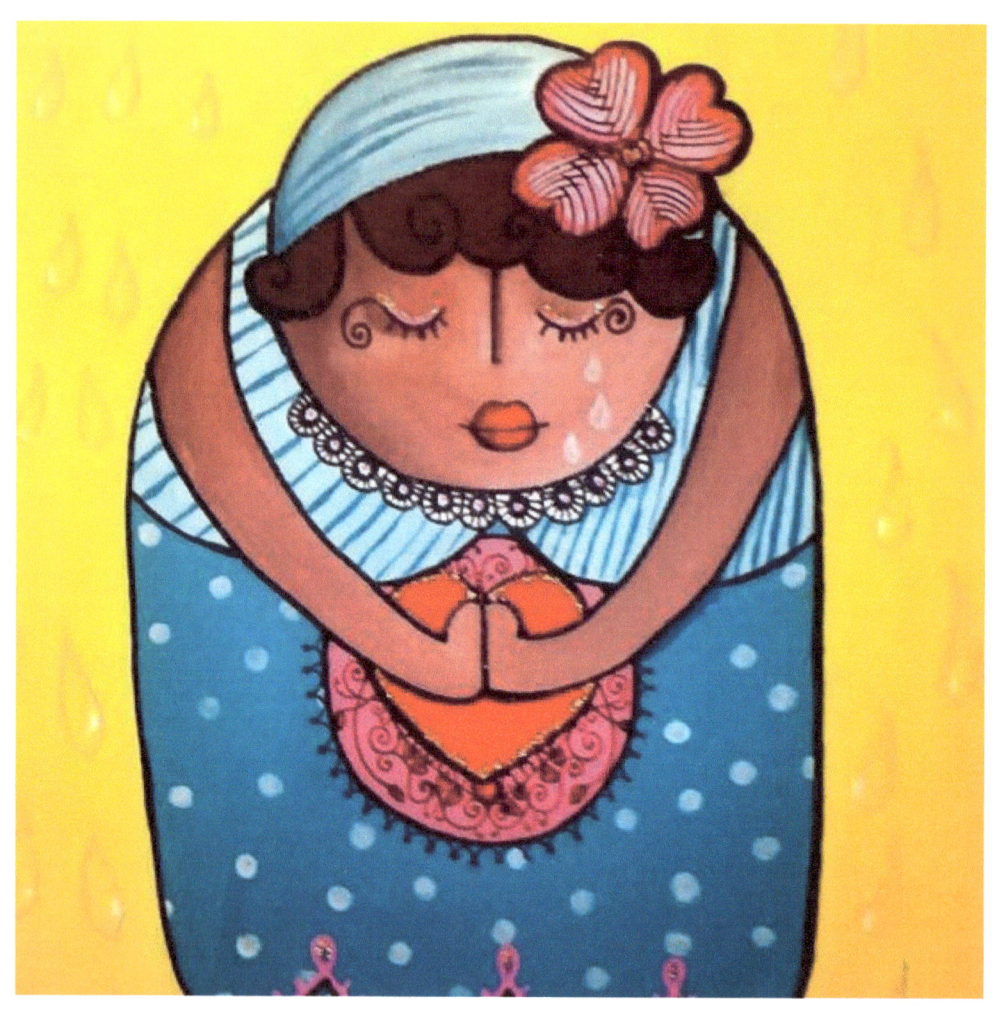

Llanto Compartido

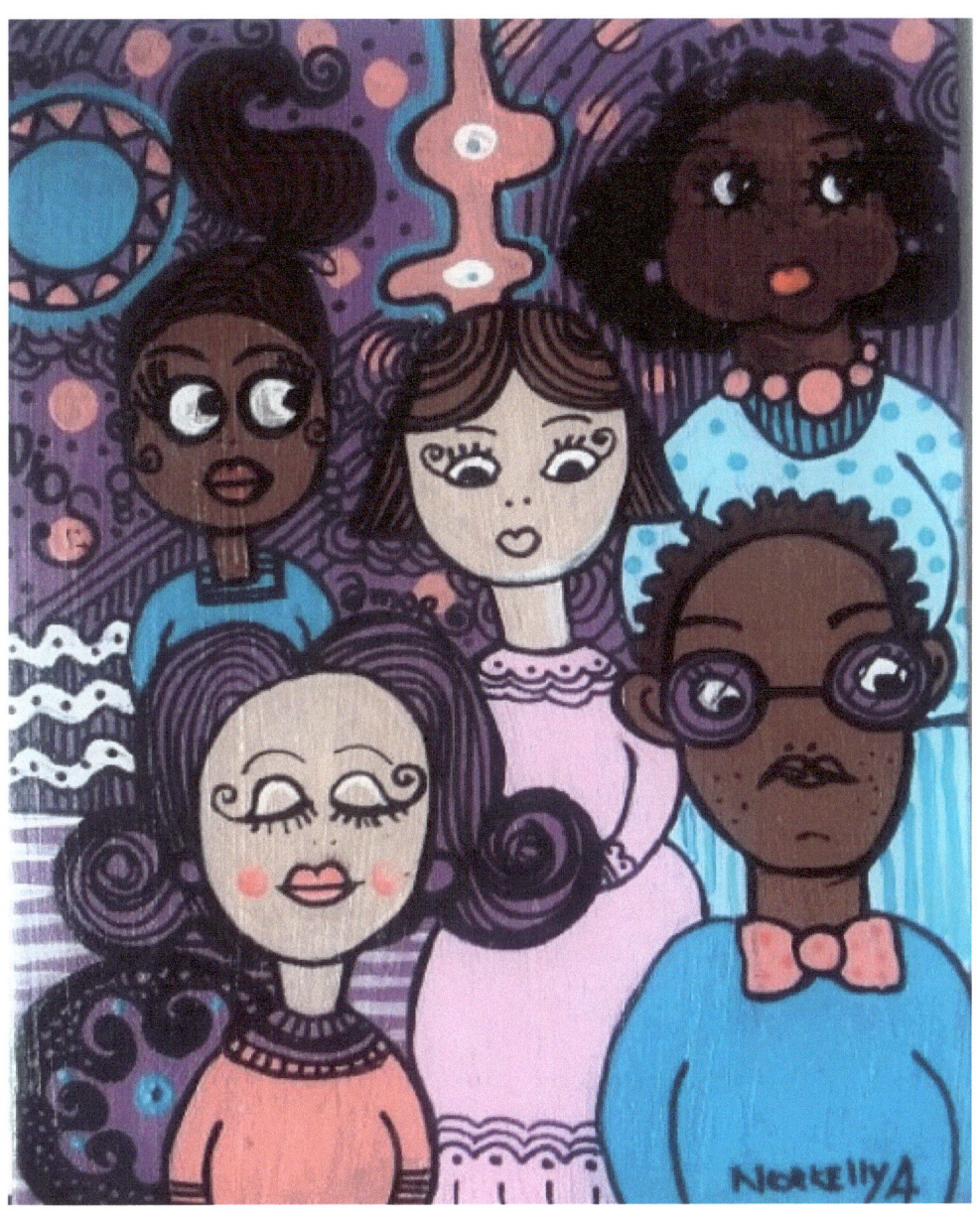

Diversidad

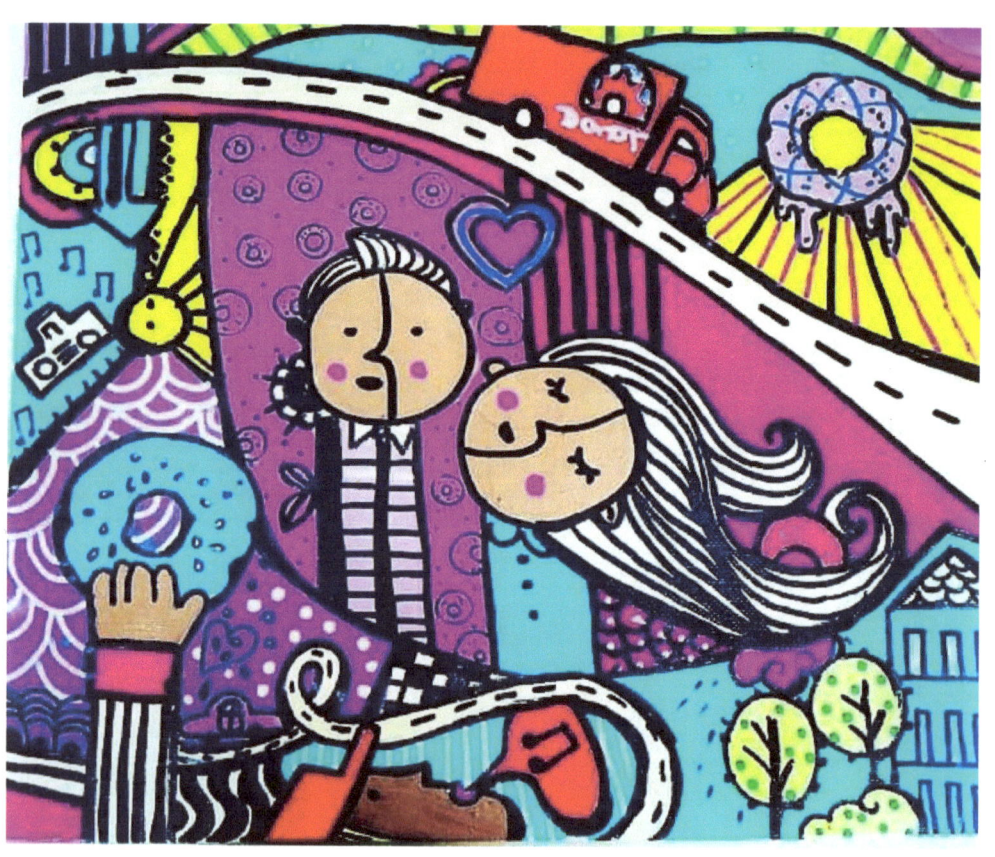

Dona

Las obras de Norkelly Acosta, constituyen un excelente imaginario de color y fantasia.

Criterios Artísticos

Norkelly J. Acosta

Al pintar o realizar cualquier tipo de obra, me divierto, es por ello que mi obra tiene ese discurso de alegría, lleno una simbología propia. Donde la organización , los centros de interés, las profundidades, luminosidad pierden interés y surgen iconos originales siendo mi obra todo un contenido de simbología onírica, sueños lúdicos y atraer de forma sencilla la atención del observador dramatizando algunas veces el significado sin plasmar escalas, contrastes, luminosidad. Siendo nuestra obra entonces de una naturaleza estetica muy personal y única

Republica Dominicana, 2018

www.ingramcontent.com/pod-product-compliance
Lightning Source LLC
Chambersburg PA
CBHW040351220526
45473CB00009B/2854